# A genoux et en prière

Natacha Minghetti Majorana

# A genoux et en prière

Recueil de textes et bribes de vie

Édition : BoD – Books on Demand,

12/14 rond-point des Champs-Élysées, 75008 Paris
Impression : BoD - Books on Demand,
Norderstedt, Allemagne

ISBN : 978-2-322269051

Dépôt légal : Juin 2021

À l'Amour pur et innocent, à l'Amour qui dure et traverse le temps !
Ai- je eu besoin de tant d'audace pour me détruire et tant d'outrages pour me construire !

J'aime le Paris des artistes et des grands boulevards.

A Paris la mélancolie des Romantiques chante toujours dans les ruelles secrètes qui jamais ne se dévoilent.

A Paris la pénombre danse à la lueur des réverbères qui jamais ne s'éteignent.

J'aime le Paris des bords de Seine et celui des cafés remplis de poèmes.

J'avais à peine 10 ans la première fois que mes parents m'emmenèrent à Paris. J'ai tout de suite été fascinée par cette énorme ville qui semblait ne jamais dormir. Le retentissement des sirènes qui s'accentuait la nuit pour parvenir jusqu'à ma chambre d'hôtel me laissait sans voix lorsque je réalisais que les parisiens étaient habitués à chercher le repos au milieu de ce chaos.

Les journées étaient si remplies de visites que pour la première fois j'avais l'impression d'avoir un trop-plein : trop d'émotions, trop d'architecture, trop de peintures et de boutiques d'antiquaires, trop de livres, trop de poésie, trop de tout.

Mon trop à moi en temps normal ne me submergeait jamais. Beaucoup d'activités sportives et artistiques à côté de mes études remplissait mon agenda de la semaine mais étrangement c'est bien ce trop-plein qui me tenait alerte, énergique et heureuse. Dans ce Paris magnifique j'avais envie de tout voir, tout saisir, tout m'approprier en un laps de temps si court que le séjour d'une semaine se profilait comme une course contre la montre.

Petite déjà, je dévorais les livres comme on dévore des yeux quand on est amoureux. Avant d'apprendre à lire je devais me contenter de regarder les images alors que mon regard n'était attiré que par les caractères qui défilaient sous les doigts de ma mère et je voulais être capable de faire la même chose, très vite, très fort.

En guise de cadeau, je demandais toujours des crayons pour écrire et du papier. C'était mon bonheur absolu que de faire semblant d'écrire un grand roman, le plus beau de la Terre, le plus bouleversant.

Sauf que j'ai toujours eu un appétit vorace et à côté de l'écriture, je voulais aussi être médecin, profiler, danseuse, océanographe, archéologue et tout ce qui pourrait afficher un sourire de contemplation sur mes lèvres.

J'aimais la vie plus que tout, cette vie réglée comme un métronome par un agenda tenu par ma mère et qui m'ouvrait chaque jour sur une activité différente et qui comblait ce besoin si violent de tout connaître.

Je ne demandais pas grand-chose, peut-être parce que j'avais tout ce qu'il fallait au moment où il fallait. Mais aussi parce que j'ai toujours été très modeste dans mes prétentions. Je trouvais mon bonheur n'importe où, accompagnée ou seule, avec mes camarades de jeu ou à l'école. Je ne parvenais pas à expliquer comment je réussissais petite déjà à faire avec rien mon tout. Sans doute, aujourd'hui je peux le dire, ceci était dû au fait que je pouvais rêver ma vie des heures durant, mais la réalité c'est que je ne rêvais rien, je planifiais, me fixer des buts, des objectifs à atteindre que je revoyais et réorganisais au fur et à mesure que la vie avançait. Je me mettais en situation mentalement, j'esquissais mes futurs projets dans telle ou telle circonstance de la vie, tout en analysant les répercussions qu'elles allaient engendrer et je me promettais tout bas: «cela va arriver comme tu le penses et quand ça arrivera tu sauras déjà comment faire».

Mon éducation était stricte mais empreinte d'amour. J'avais des règles à respecter et très vite on m'expliqua le bien et le mal. Ce que l'on ne m'a pas expliqué en revanche c'est que le mal même si vous ne le provoquez pas peut vous revenir en pleine face. Une injustice dont j'avais du mal à admettre l'existence et qui changera le courant d'une partie de ma vie, car dans mes projections, jamais je ne me voyais devoir interagir avec des malfaisants et j'allais tomber de très haut à très bas dans l'abîme et les pièges de ceux qui n'ont pas reçu les mêmes valeurs que vous.

J'étais fort timide, réservée devant des inconnus, alors qu'entourée de ma famille j'étais une enfant expansive et bien dans ma peau.

Elevée depuis l'âge de 5 ans dans un pensionnat catholique ouvert d'esprit en matière d'appartenance religieuse puisque fréquenté par des élèves de toute nationalité et religion, j'y ai appris à comprendre, respecter les différences et à les voir comme une richesse et une chance. Et c'est bien ainsi qu'il faut les voir.

La poursuite de l'apprentissage de valeurs humaines se fit donc dans cette école tenue par les religieuses Marcelines jusqu'à mes 15 ans puis dans une école tenue par les Chanoines du Grand St-Bernard de mes 16 ans et jusqu'à l'obtention de ma maturité fédérale, sésame ouvrant les portes de l'Université. De 5 à 15 ans je ne côtoyais pas la gent masculine puisque mon école n'était pas mixte. Cette époque mystique, car oui c'est ce que je ressentais souvent, me donna presque l'envie de rentrer dans les ordres….Cela changea lorsque je rejoignis l'autre collège, qui devint mixte pour la première fois l'année où je commençai mes études là-bas. L'envie de rentrer dans les ordres pâlit de jour en jour jusqu'à disparaître complètement sans que je n'y prête attention.

Petit à petit du haut de mes 16 ans fraîchement acquis, je rejoignais le clan des copines qui avaient eu avant moi le droit de sortir le soir, de participer à des fêtes chez les amis, d'aller au cinéma ou au restaurant et de passer les dimanches à s'amuser.

Mes activités artistiques, sportives et estudiantines ne changeaient pas, elles captaient toujours autant mon attention.

Puis le trou noir. La descente lente et progressive vers un endroit que je ne connaissais pas, dont je ne pouvais même pas soupçonner l'existence tant j'avais été protégée mais surtout gardée loin de ces torpeurs. Je faisais comme si j'embrassais la vie comme elle venait : est-ce cette erreur qui me plongea un après-midi dans les bas-fonds de la manipulation perverse que je m'apprêtais à subir ?

C'est à 16 ans et demi que la vie allait me mettre sur un chemin tortueux par un dimanche après-midi, ensoleillé et joyeux. Je me suis laissée entraînée dans une histoire que je ne voulais pas plus que ça, que je pensais pouvoir cesser à tout moment mais lui en avait décidé autrement. Il a compris l'aubaine de rentrer dans ma famille bien avant que je ne me rende compte que ce qu'il recherchait c'était tout ce qu'il n'avait pas et que ma timidité et ma naïveté lui laisserait tout loisir de m'enchaîner.

Les mises en garde de mes amis, leur consternation dans ce choix que je n'avais pas fait consciemment, les laissaient muets. L'auto-conviction feinte que j'affichais avait sans doute fini par les convaincre que ce garçon était ce que je désirais….mais il n'en était rien, bien au contraire. A nouveau je me suis sentie responsable d'avoir entrouvert la porte avec ma gentillesse légendaire. Je devais dès lors assumer. De son côté, ce garçon échafaudait sans ménagement son plan pour s'ancrer dans ma famille, causant les conflits, ma tristesse et créant un fossé qui ne cessait de s'agrandir au fil des années.

Il faudra plus de 20 ans pour compléter ma transformation qui me trouve aujourd'hui moins fragile, plus méfiante, plus consciente et me défaire d'un abîme dans laquelle je m'étais laissée emporter.

Il me glisse entre les doigts ce temps auquel je ne croyais pas.  Il s'efface de ma mémoire cet espace que je ne voyais pas. Le futur, je l'envisage  mais le passé me dévisage et d'aussi loin que je me souvienne, je ne suis ni d'ici ni d'ailleurs. Je viens de plus loin, de ce lieu parfumé de mystère où le clair de lune et le soleil se dévisagent et s'envisagent,  de ce lieu éphémère où le loup et l'aigle tracent chacun leur chemin sur la terre et dans le ciel. Deux chemins qui se frôlent pour l'éternité dans un mirage.

Il n'y a pas d'endroit plus parfait que celui qu'on trouve derrière les portes d'un mystère et les volets d'une prière.

Il n'y a pas de plus doux moment que cet instant de nuit, lorsque d'âme à âme, en silence on se réunit. S'envelopper d'un souvenir pour se caresser d'un sourire, se regarder avec le cœur pour ne jamais avoir peur.

S'apercevoir qu'on n'est jamais parti et que nous sommes d'ici.

## La relique sacrée

Ce n'était pas moi: j'étais la coulée de lave qui lentement et inexorablement se traîne jusqu'au point de non-retour. En haut de cette allée de déshonneur où m'attendait un destin qui s'impose, je gravais sur un pan de ma longue robe blanche  ce passé bienheureux comme une relique sacrée  et tatouais déjà sur l'autre pan les prémisses d'un avenir  enfanté par les vestiges du passé de cet autre que moi.

Chacun de mes  pas résonnait sur le sol en vieilles pierres, témoin habituel de tant de bénédictions et de ferveur. A mesure que j'avançais les vieilles pierres prirent l'aspect de sables mouvants  et du même aspect mes espérances et mon courage se vêtirent.

Les saisons et la raison passèrent et avec elles passèrent aussi le soleil et la lune.

La lave se figea des années durant enfermant dans son coeur une chrysalide et un soupçon de vie que réchauffait tant bien que mal ma relique sacrée.

## A genoux et en prière

Détruire, ni plus ni moins. Telle est sa mission.

Il reviendra autant de fois que nécessaire tant qu'il restera une étincelle d'amour-propre chez vous.

Il s'appropriera vos qualités en vous vidant de votre essence, vous poussera à l'erreur pour son bien à lui, puis vous reprochera cette même erreur qui vous rend indigne de lui.

Il collectionnera vos manquements qu'il aura provoqués et les utilisera contre vous avec l'aplomb de celui qui se pense au-dessus de tout.

Il réussira à convaincre grâce à ses ronds de jambes et ses pirouettes savamment apprises depuis l'enfance qu'il n'a jamais eue et vous serez pointée du doigt, impertinente que vous êtes ! Pour ne pas reconnaître en lui l'art de la danse et ne pas percevoir la chance qui est la vôtre d'avoir été

choisie par un hasard qui n'en était pas un et qu'il a créé tout spécialement pour vous.

Il dénigrera tout ce qu'il a admiré chez vous au premier rendez-vous, vous isolera des amis qui seraient en mesure de voir la flamme de votre cœur s'éteindre peu à peu. Il séduira votre famille en leur servant des mots trempés dans l'opium qui endort. Il vous reprochera votre laisser aller dont il est le seul responsable, vous accusera d'aguicher si vous faites des efforts.

Il jugera votre niveau intellectuel comme défaillant en se basant, non pas, sur une échelle de valeurs, mais sur l'échafaud des reproches.

Il vous fera douter de vos compétences avant de les renier une fois pour toute à mesure que vous sombrez. Il vous encensera en public et vous censurera à l'abri des regards. Il aspirera jusqu'à l'oxygène que vous respirez pour vous priver du souffle de vie. Il hurlera, puis vous reprochera de le faire hurler.

Il choisira et pèsera chacun de ses mots qu'il chargera dans le barillet de sa bouche avec l'intention préméditée de tuer tout espoir et toute espérance en vous. Il jouera avec vous à la roulette russe, chaque soir, chaque jour, et il ne sera jamais coupable puisque c'est votre doigt à bout de force qui se place sur la détente.

Il volera votre sourire pour le mettre sur ses lèvres. Il vous ôtera toute fenêtre de tir pour vous en sortir et les remplacera par de cyniques miroirs aux alouettes qui vous renverront en pleine face tout ce que vous n'avez pas.

Vous baisserez le regard devant lui pour préserver votre âme de son âme noire.

Il étalera des prières récitées dans une église au hasard, église qui perdra de sa clarté lorsqu' il y pénètre.

Vous parlerez de moins en moins jusqu'à atteindre le silence qui soigne.

Vous apprendrez à ne plus entendre et en vous évadant dans les rêves que vous ne pouvez faire que de jour. La nuit vous prierez pour que l'obscurité vous cache. Vous ne pleurerez plus tant la source est tarie. Vous visiterez les églises en quête de sursis.

Vous choisirez de le croire sur parole plutôt que sous les cris.

Vous comprendrez qu'il peut neiger en plein été. Vous vous remémorerez les premiers vertiges de l'amour avec celui auquel vous avez dû renoncer alors que lui vous aimait vraiment. Il ne restera désormais que les vertiges.

Vous aurez toujours froid et de façon subversive, vous commencerez à voir en noir et blanc, comme un chien.

Il s'adoucira devant votre pâleur, car il n'a pas fini de jouer, exprimant ses inquiétudes sur votre comportement incohérent. Il fera cela en public et le destinera à un public de premier choix: ces gens qui vous aiment et vous connaissent si bien.

Il confirmera ce qu'ils savent déjà : vous avez un fort caractère, de l'aplomb et de la répartie à revendre. Ils croiront dès lors, à la douceur de ses gestes, le plaindront même, ne verront pas la torpeur engendrée par la souffrance, le protégeront souvent de vos appels à l'aide qu'ils percevront comme des critiques envers le plus fabuleux magicien du monde.

Il versera quelques larmes feintes, ces larmes qui coulent sans peine, non pas par votre faute mais par la faute de ses nuits blanches, sales, hors du foyer.

Il rentrera pour attiser le feu de ce foyer en y jetant quelques embûches de plus.

Vous en ferez toujours trop ou pas assez, vous perdrez le sens de l'équilibre. L'harmonie et la joie vous tourneront le dos pour laisser place au néant. Vous n'aurez plus ni passé ni avenir, vous aurez presque autant de répit qu'un insecte pris dans la toile de l'araignée. Presque...car le coup de chance pour vous n'existe plus....reste juste le coup du sort qui s'acharne.

Vous ne compterez plus en années, mais en heures, en minutes et finalement en secondes. La confiance se muera en méfiance et sans encore le savoir, voilà le futur combat qui vous attendra une fois partie: tuer la méfiance.

Votre répit quotidien durera exactement le temps qu'il vous faut pour ouvrir vos yeux au réveil avant que la réalité vous rattrape.

Il vous faudra apprendre à utiliser ces instants éphémères de lucidité quotidienne pour élaborer "Le plan secret du reste de votre vie", les mettre bout à bout, durant des jours, année après année avant de jouer le rôle le plus important qu'il vous aura été donné de jouer.

Vous ramasserez à terre chaque miette de vos forces évanouies pour les réanimer.

Alors vous partirez, seule, le monde entier contre vous qui vous accuse de détruire, de mentir, de ne pas être à la hauteur. Vous admettrez alors que ce monde entier a raison....vous détruisez, oui, les barreaux d'une prison où votre âme fut enfermée. Vous mentiez, oui, pour pouvoir garder secret le plan de votre vie. Vous n'êtes plus à la hauteur, oui, trop d'années vous ont fait côtoyer les abysses d'un mental en souffrance.

Il va falloir apprendre à reconstruire les vestiges qui vous habitent, à dire la vérité en confiance et vous convaincre qu'on peut prendre de la hauteur avec les ailes du courage qui elles ne s'achètent pas. Mais vous le ferez car vous aimez la vie plus que tout et qu'il est possible de s'aimer soi-même à nouveau même contre le monde entier.


Si on attend de moi que j'accuse, passez votre chemin, je n'ai pas le temps pour ça et si on attend de moi que je pardonne, tournez les talons, je n'ai pas ce pouvoir.


Ne vous méprenez pas lorsque je baisse la tête devant certains d'entre vous.
Ce n'est que pour éviter de vous regarder.
Ce n'est ni un signe de faiblesse,  ni un signe de respect.
Les yeux étant le miroir de l'âme,  je préserve la mienne en évitant la vôtre.

## La Cachette

Je m'évadais souvent dans le seul endroit où personne ne pouvait me trouver, ma tête. J'ai été élevée pour réfléchir à la lumière des enseignements qu'on m'a légués et des valeurs inculquées. Cette capacité à analyser, planifier avec un soupçon d'imagination a été mon salut, sans aucun doute.

Il y a peut-être des gens qui pour marcher droit doivent marcher de travers sans pour autant être personne. J'ai marché de travers une bonne partie de ma vie avant de trouver ma route, riche de ce que j'avais reçu, riche aussi de ce que j'avais subi.

J'ai cessé d'écouter tous les mots car les mots peuvent mentir, pour me concentrer sur une attitude, un silence, un regard de l'autre qui accompagnait ses mots en décalage et j'ai compris alors que mon âme était en danger immanquablement.

J'observais la nature en secret tant mes sorties seule avec mon chien prêtaient à soupçon....j'allais apprendre par cœur, imprimer dans ma mémoire les feuilles d'automne que je foulais de mes pieds comme je foulais ma propre vie, leur capacité à résister après avoir été réduites en miettes, se fondre dans la terre et renaître sous une autre forme : Un cycle discontinu où rien ne se perd vraiment.  Cela donnait de l'espoir. Le chant libre des oiseaux résonnait comme  le chant précurseur de ma future libération. Ces oiseaux, qui malgré le froid et la nourriture plus rare à mesure que l'hiver approchait, continuaient à voler dans un ciel menaçant et à chanter de toutes leurs forces  comme si demain n'était pas un problème m'enseignaient les bienfaits de la persévérance que j'avais depuis trop longtemps oubliée.

Le bruit des vagues d'un lac me renvoyait les souvenirs  évaporés d'un temps plus doux, plus insouciant,  éloigné de toute tâche du destin différent de celui imaginé alors. Ce temps qui aurait dû servir à  m'élever encore.

Au gré du vent ou par la force du destin, avoir fléchi n'est pas un outrage et peut mener à se reconstruire


J'ai tellement prié pour l'inespéré qu'il a fini par arriver.

## Les conseils

Aujourd'hui grand et énorme coup de gueule contre les quelques personnes qui, au travers du très en vogue et vague développement personnel, se sont achetées récemment une conscience. Sans pour autant vouloir les blesser avec mes propos, je prends la liberté cependant de le faire tant le risque est minime de voir apparaitre la moindre égratignure causée par moi puisqu' on ne peut pas blesser ceux qui n'ont pas de d'émotions. Et quand bien même, ça leur fera les pieds à défaut de pouvoir leur mettre le mien dans leur séant.

Une âme noire reste noire. Votre toute fraîche acquisition en matière de conscience et de bouquets que vous vous enfoncez dans le postérieur chaque matin pour faire croire que vous sentez la rose n'y changera rien. Non ! ...Votre odeur malsaine d'esprit malsain dans un corps tout aussi malsain se propage bien plus loin que vous

ne le souhaiteriez, peu importe que vous l'éclairiez par la méditation sur les coussins de votre soi-disant bonheur qui composent votre foyer aussi vide que votre cœur et votre tête, ou par les petites fleurs qui vous émerveillent et qui dessinent sur votre visage un sourire béat et si stupide ! Une âme ne s'achète pas, vous naissez et mourrez avec la vôtre, sale, dans cette vie et dans les suivantes. Une âme ne peut que se vendre au diable et vous le savez!

Cessez donc vos jérémiades sur le sens retrouvé de la vie après avoir découvert que vous n'existiez que pour faire plaisir aux autres. Non ! La vérité c'est que vous n'avez jamais été un plaisir pour personne avec votre âme sale. Vous avez été une déchéance, une erreur, une tragédie abjecte, une arnaque.

Vos manigances fonctionnent sur les esprits faibles ou perdus uniquement !

Aucune bougie parfumée, aucun encens ne pourra changer la couleur votre âme. Arrêtez de donner des leçons sur le sens de la vie, vous n'avez même pas conscience d'être vivant, arrêtez de prétendre être capable d'aider vos victimes à trouver un sens à la leur alors que vous vous-même n'avez aucun sens, ni bon ni mauvais. On se construit dans la vie sur des bases préexistantes plus ou moins solides, les vôtres se sont construites sur de la boue , ne venez pas par jalousie , nous souiller, ni créer le désordre et le chaos chez ceux qui ont eu plus de chance que vous en matière d'éducation et de valeurs.

Cessez de parler de conscience et de maîtrise de soi alors que le plus clair de votre temps vous le passez à maitriser les autres, à les vider de leur essence, à les rabaisser, les diminuer, les blesser. Comment pouvez-vous parler de changement, d'évolution, vous, les maîtres d'un univers statique.

Arrêtez de déverser de la gratitude sans savoir ce que cela signifie, de parler de la puissance des choix et des possibilités que vous n'offrez qu'à vous-même.

Non, vous n'êtes pas un cadeau, vous êtes un poison. Vos carpe diem sont vains, vous êtes intemporels et constants dans votre noirceur. Tous les chants des oiseaux que vous vous targuez d'avoir en adoration aujourd'hui ne sont que le chant des corbeaux et des vautours qui composent votre matière.

Cessez de nous parler du printemps merveilleux, de l'été chaleureux, de l'automne bienheureux et de l'hiver ressourçant, vous êtes Hors saisons.

Et pour finir gardez-vous bien de trop en faire le trop est l'ennemi du bien et sur le terrain du bien vous avez déjà perdu la guerre.

La beauté, la gentillesse, l'amour, la confiance....sont un art, et vous n'y aurez jamais accès car vous n'existez que de l'autre côté de cette forêt luxuriante de bienveillance, infranchissable par vos âmes noires au risque de vous brûler les ailes que vous n'aurez jamais.

## La voie lactée

Elle portait sur son visage la douleur de l'oubli.

Elle était dotée de cette beauté façonnée par la liberté et l'expérience où se devinent encore les traits fins de l'esquisse qui l'ont vue naître.

Elle n'était ni prédestinée ni condamnée à suivre un chemin alors elle marchait comme on marche sur la voie lactée.

Avec autant de confiance que de confusion, elle tissait son futur au fil de l'eau et parfois au bord des précipices.

Elle adorait tendre l'oreille pour écouter ses propres silences. C'était sa façon à elle de se reconnaître.

Elle pleurait rarement mais compensait l'absence de larmes en bénissant les jours de pluie.

Elle les aimait comme on aime pour la première fois.

Elle tenait des colloques ici-bas avec les absents de là-haut et leur racontait ce qu'ils savaient déjà.

Elle se promenait sans but, surprise de découvrir ce que le jour allait lui offrir.

Au détour d'un chemin comme au détour d'une saison, elle ramassait les éclats de miroirs que la vie dans son immense bonté lui offrait. Elle les gardait précieusement, tantôt pour les reconstruire tantôt pour les détruire.

Elle choisissait avant de s'endormir les rêves qui viendraient la hanter. Parfois pour les vivre, parfois pour les tuer.

Elle riait aux éclats pour s'échapper et se cacher. Elle savait que nous ne sommes que des étoiles filantes et c'est ainsi qu'elle vivait.

## Les Narcisses et le miroir aux alouettes

Avec les années j'ai appris à prendre du recul et ignorer ceux qui m'exaspéraient. C'est comme faire une halte sur un sentier, se cacher derrière un arbre et attendre que l'être qui vous exaspère passe son chemin sans vous voir. J'ai gagné, certes, en apaisement et j'ai gagné tout court en un peu plus de 20 ans.

Toutefois, je constate qu'ils arrivent de partout et sont de plus en plus nombreux sur ce sentier.

Obligée de changer de méthode, je m'élève et regarde de haut ces clowns sans chapiteau qui traînent sous leurs épaisses et funestes semelles les miettes de leurs victimes consentantes.

Laissez-moi vous présenter, à contre cœur, les Narcisses manipulateurs et leurs miroirs aux alouettes.

## Les mots-poignards

J'ai la nostalgie d'un temps que je n'ai pas connu. Celui où les hommes portaient leur virilité autrement qu'en pendentif un jour sur cent.

Ils la portaient comme il se doit en la parant de bravoure et d'honneur. Le courage nu dans la pénombre du petit matin, dos à dos s'éloignant de dix pas, ils se retournaient face à face, yeux dans les yeux et lavaient les affronts.

Le soleil à peine voilé faisait naître un jour de plus pour l'un tandis que la lune emportait l'autre dans le sommeil. Ni la raison ni le tort ne garantissaient un vainqueur.

Bien sûr, l'injustice déjà trainait ses guêtres. La seule certitude était de pouvoir plonger son regard une dernière fois dans les yeux de l'ennemi tout coupable ou innocent qu'il fut. Que reste-t-il aujourd'hui? Des mots-poignards reçus sans rendez-vous et sans motif par un ennemi inconnu caché derrière un écran? Des paroles-projectiles rapportées par d'autres bouches et de fait impossibles à fermer? Le soleil et la lune, témoins absents d'un combat à sens unique où il n'y a plus ni vainqueur ni vaincu,  marquent notre temps du sceau  de la décadence et de l'ennui.

# Hommes et Femmes

Non je ne suis pas féministe.

Je n'entrerai jamais dans ce combat. Ce serait comme mettre en évidence et reconnaître un déséquilibre entre hommes et femmes. Je ne l'accepte pas et considère qu'ignorer ce déséquilibre est le meilleur moyen de le tuer.

J'exige le même respect envers moi de la part d'un homme comme de la part d'une femme, respect que je m'impose de donner à mon tour à tous.

J'ai tout simplement choisi tout au long de mon parcours de ne me considérer ni plus faible ni meilleure, ni moins méritante ni plus capable que tout un chacun: hommes et femmes confondus.

Je détesterais porter des pancartes en scandant des slogans nés un soir de pleine lune trop arrosé ou d'un matin fatigué par une nuit de chagrin.
Je détesterais haïr à tout va, emportée par les cris de revanche de mes congénères mal dans leur peau.
Je préfère ignorer que plus de 50 ans n'auront pas suffi à gagner ce qu'en fait on n'a jamais perdu: le pouvoir de

s'imposer en douceur et d'obtenir l'équivalent comme si de rien n'était.

## Les oubliettes

Ceux qui vivent sur l'ourlet de votre champ de bataille accourent sur le sol de votre victoire pour butiner tout ce qui brille.

Tant que le tournoi bat son plein, ils portent sur leur faciès l'outrageux masque de l'observateur prêts à commenter votre défaite tout en tournant les talons. Votre victoire éclate et tous leurs gestes se transforment en un ballet effréné de ronds de jambes et de farandoles.

Ils se souviennent émus des bons moments passés ensemble alors que vos souvenirs parlent de solitude et de critiques acérées. Ils se remémorent le partage, que vous percevez aujourd'hui tel qu'il était en vérité : inéquitable et à sens unique. Ils clament leur soutien indéfectible et la confiance mutuelle,  rompue à vos yeux depuis longtemps.
Pauvres fous ! Pourront-ils seulement savoir combien les yeux s'ouvrent lorsque subitement on devient l'alliée du succès ?

Il y a dans ma mémoire un coin que je nomme oubliettes et j'y enferme pour toujours les ronds de jambes et les farandoles.

## Les bijoux de pacotille

J'ai reçu de la vie des volées de bois vert et des encouragements éphémères. J'ai parfois accepté des soutiens maladroits et tant de coquilles vides.

J'ai été malencontreusement séduite par des compliments intéressés vantant ma force à toute épreuve qui les arrangeait parfaitement.

J'ai écouté, écœurée, les sous-entendus glissés tout bas dans le creux de mon oreille qui me susurraient que le mal ne serait qu'un mauvais souvenir. C'est bien là le problème...le souvenir.

J'ai acheté à foison les mauvaises expériences vendues comme des expériences enrichissantes alors que je n'en tirais pas un copec de joie ou de paix.

J'ai cru avec force et courage lorsqu'on m'affirmait que l'essentiel était de surmonter les écueils alors que je n'avais pas signé pour gravir mais pour grandir.

J'ai vécu parfois un duo de contrefaçon lourd comme du papier buvard et collectionné frénétiquement les avis pessimistes comme on collectionne les bijoux de pacotille.

Je me suis réveillée en sursaut devant tous ces êtres bien réels qui brillaient sans éclat par leur absence ou par leur insistance.

Les souvenirs sont devenus des leçons, les compliments se sont transformés en méfiance,  les sous-entendus et les avis ont pris la forme d'un monstre qu'on provoque, qu'on trompe et qu'on tue.

## Lettre à ma Mère

Maman,

Je me souviens avoir ouvert ta boîte à trésors lorsque j'avais 8 ans.

Il y avait beaucoup de papiers et un en particulier avait attiré toute l'attention dont je pouvais être capable à mon jeune âge.

Je suis venue chercher une réponse vers toi et papa sur ce papier particulier et vous m'avez expliqué.

Puis tu m'as dit que je ne devais pas mettre mes petites mains d'enfant dans cette boite à trésors car elle serait à moi en temps voulu.

Je ne me suis plus jamais approchée d'elle depuis.

43 ans sont passés et cette boîte aujourd'hui est la mienne.

Je n'ai pas trouvé la clé, mais elle s'est ouverte sans problème, avec mon cœur et toute mon âme.

J'ai compris en l'ouvrant l'autre soir, et je t'avoue que c'est la première chose que j'ai faite, ta vie, celle de papa, la mienne....toute une vie dans ce petit coffret qui renfermait toutes les réponses à mes questions et même aux questions que je ne me posais pas....Il y a, il est vrai, un temps pour tout, la patience est une vertu mais elle existe surtout pour rythmer la connaissance, les réponses aux questions, réponses si précieuses pour comprendre qui on est, d'où on vient et ces réponses si elles arrivent trop tôt ne peuvent être mesurées à leur juste valeur.

Mes petites mains d'enfant n'auraient pas été assez grandes.

Tu as eu raison, il fallait que je me construise en marge du contenu de la boîte, évitant ainsi les idées préconçues nourries par l'ignorance, les préjugés, fruits possibles de méchancetés et les avantages qui m'auraient rendue peut-être prétentieuse.

Tu m'as appris que les seuls combats gagnés d'avance sont les combats où l'on a rien à perdre, puisque l'énergie qu'on y met est toute entière et sans peur d'y laisser quelque chose de précieux. Les combats des lâches, de ceux qui manigancent. Ceux-ci ne devront jamais être les miens. La noblesse n'est pas affaire d'argent, elle coule dans les veines et je me devais de respecter « le rang », je n'avais pas besoin de savoir, tu avais raison.

Sauf que dans la vie, nous avons tous et toujours quelque chose à perdre : notre paix, notre dignité ou notre sens de la justice. Les batailles doivent être menées pour le bien, pour le juste ou pour se défendre de tout ce et ceux qui veulent nous détourner du droit chemin.

Pour rester digne il faut savoir assumer ses propres fautes et ses propres choix. Il y a des choix que tu as su m'éviter de faire et je sais aujourd'hui pourquoi. Il y a des erreurs que tu m'as appris à assumer et à traverser pour me responsabiliser et me rendre consciente de l'importance de nos actes et de leurs conséquences, m'évitant ainsi d'être lâche.

C'est ce que tu m'as appris à faire sans vouloir l'exprimer en donnant juste l'exemple. Je n'ai pas toujours compris, j'ai dû prendre cela pour argent comptant sans avoir l'explication logique qui me tient tellement à cœur dans tout ce que j'entreprends, percevant uniquement qu'il fallait juste obéir, en confiance.

A tous ceux qui perdent confiance, et à ceux qui visent l'espérance, à ceux que le temps consume et ceux que le temps guérit, à ceux qui ne savaient pas et découvrent aujourd'hui, à ceux qui n'ont jamais abandonné et ceux qui se sont affaiblis, à ceux qui savent écrire et ceux qui ne savent pas le dire et enfin à tous ceux pour qui il est trop tard et ceux qui choisissent qu'il est encore temps, j'aimerais dire que ce n'est que récemment que j'ai pris la mesure de tout ce qui m'a été transmis par toi, et la boîte à trésor a fait le reste.

Tu m'as appris à être juste, généreuse, tu m'as appris à être forte et fière, de cette magnifique fierté qui ne s'étale pas et que l'on peut ressentir tout au fond de notre cœur lorsqu'on sait rester digne, discrète, honnête et sincère.

Je mesure aujourd'hui l'importance de ces mots, on ne pleure pas pour tout et rien : tu as raison là-dessus aussi : les larmes sont des bouts de notre âme qui s'envolent, elles ne méritent d'être versées que pour des causes justes et de justes raisons ou pour apaiser une peine.

Les je t'aime n'ont nul besoin d'être dits tous les jours, ils se prouvent par des actes quotidiens et se collectionnent dans les boites à trésors des mamans.

Tu avais tout à perdre pour me construire telle que je suis....et pourtant tu as tout gagné parce que je veux te dire MERCI pour avoir fait de moi celle que je suis aujourd'hui et celle que je serai demain.

Pour répondre à ta question, mais nous avons eu l'occasion d'en parler toi et moi récemment, oui Maman j'ai compris pourquoi il est important d'être cultivée et éduquée car l'ignorance est dangereuse, j'ai compris pourquoi la musique, la danse, la lecture, les arts en général sont salvateurs, car ils font parler notre sensibilité, j'ai compris pourquoi le sport est salutaire car il faut soigner le corps et le respecter autant que l'esprit, j'ai compris toutes ces choses que tu m'as offertes car ce n'était pas dans le but de passer le temps mais de se construire une vie pleine, une vie aussi belle et entière que possible, j'ai compris pourquoi il faut s'entourer au maximum de belles personnes, de personnes éclairées, de personnes qui réfléchissent et qui partagent les mêmes valeurs. Tu as choisi pour la petite fille que j'étais des chemins qui m'ont fait rencontrer des milieux et des gens merveilleux, hors norme.

Tu m'as appris la générosité car nous n'avons pas tous la même ou les mêmes chances et que nous devons aider ceux qui croisent notre route s'ils sont affaiblis, je me souviens des kermesses chez les sœurs, de nos après-midi aidant les démunis, les malades, les retraites à Lourdes où tu m'as envoyée seule à 9 ans avec les sœurs mais sans toi ! Seule, pour que je ne me cache pas derrière tes jupes mais apprenne par moi-même, pour expérimenter le courage d'affronter ce que nous n'osons pas regarder en face : la maladie, la souffrance, la pauvreté, la douleur.

J'ai compris pourquoi il faut avoir des valeurs et non des principes, pour soi-même et à transmettre, car elles sont des garde fous, parce que les principes donnent l'impression d'avoir été imposés alors que les valeurs donnent la certitude d'avoir été épousées. J'ai compris pourquoi il ne faut pas tolérer l'intolérable, pourquoi il faut savoir être dur avec soi-même pour garder son honneur et sa bienveillance, pourquoi il faut avoir la foi car elle est source de paix et d'espérance.

Tu m'as appris en me bousculant à me battre pour ce que je voulais vraiment, tu t'es dressée contre moi au risque de me perdre, pour tester ma volonté face aux choix que je voulais faire et me prouver que si j'avais la force de le faire envers et contre tout ce serait alors le bon choix.

J'ai trouvé les 3 mots que j'aime entendre dans la boîte à trésors. J'ai glissé une petite boîte à trésors aussi pour toi Maman avec ces mêmes mots et il y a dans ces mots tout mon monde et mon monde à venir.

Un des plus beaux cadeaux que je peux te faire même si tu le sais c'est de dire à mes enfants Iman et Giulian et mon petit-fils Eden, tes petits-enfants et arrière-petit-fils que je les aime et que j'ai pour chacun d'entre eux, moi aussi des boîtes à trésors qu'ils ouvriront en temps voulu.

Je ne me souviens pas de ma voix enfant mais je n'oublierai jamais la tienne Maman….
Il aura fallu en entrant dans cette église aujourd'hui, cet Ave Maria de Schubert pour me  révéler ton cadeau pour moi….je te donne en cadeau ce dernier Ave Maria à ma façon en quittant cette même église…puis il y aura le silence rempli de doux souvenirs, ce silence dont on m'a dit un jour « qu'il est encore plus beau que la musique elle-même ». Je t'aime Maman.

## La deuxième chance

Il y a des ressentis que les mots ne pourront jamais expliquer et pourtant je n'ai pas envie de les taire. Personne n'est plus convaincue que moi qu'il y'a dans le silence quelque chose d'élégant, de charismatique même. Parfois il faut rompre avec cette élégance comme on rompt avec le maquillage et les habits chics le temps d'une journée solitaire au creux du canapé, enfouie sous la couverture qui masque le vieux pyjama aigri.
Bien au-delà du simple émoi que provoque un regard échangé, les yeux sombres de ces jeunes hommes me fendaient l'âme littéralement. Paradoxalement, leurs bras semblaient fermés comme le sont les bras protecteurs qui vous enlacent, pas ouverts comme ceux qui vous lâchent...leurs sourires étaient francs, directs, sincères, loin des sourires narquois et moqueurs qu'on m'adressait en ce temps-là, moi qui vivais affligée sans oser le dire.

Quelques années plus tard, c'est le regard de celui qui deviendra mon second mari qui me fendit l'âme. Pour la première fois je sus ce que peut contre toute attente provoquer le parfum d'un parfait inconnu , ce parfum composé pour vous seule et qui épouse votre destin. Enfouie dans ses bras où je trouvais enfin ma place sur cette terre, je respirais enfin. Il fut et est le premier et le seul à m'avoir qualifiée non pas par ce que je suis mais par tout ce que je ne suis pas. Ce contre-courant dont il fit son parti pris pour me redonner confiance en moi sonna comme une évidence.

Ses yeux noirs, les mêmes qu'il transmettra quelques mois après à notre petit garçon, sont le reflet de ce que la vie peut offrir de plus inattendu et de plus fou. Alors ai-je ressenti de l'amour au premier regard ? Non. Cela va bien au-delà, c'est un état de béatitude, une passion sans heurts et sans compromis. Dans la béatitude je retrouvais le sacré, le secret de la vie et le goût du Tout. Voilà comment et pourquoi je l'aime.

Le mystère comme le silence a son élégance et ses lois.

Il sait comment combler ma solitude sans la déranger, sans nier que pour moi elle est parfois essentielle. Il sait respecter mes silences et attiser ma confiance. Il sait comprendre les non-dits qui parlent au cœur. Il est le réconfort de l'aurore et de tous les crépuscules. D'un bout à l'autre du chemin, sa main dans la mienne, il guide ma joie et notre bonheur et renouvelle sa promesse chaque jour sans jamais flancher.

## De l'aube d'une vie au crépuscule d'une autre

J'aime les vieilles choses. Celles qui ont traversé le temps et qui parlent au coeur. Posséder ces objets dont le souvenir m'arrache autant de sourires que de larmes est essentiel à mon équilibre.

Beaucoup s'étonnent: je garde les vieilleries de belle facture que j'ai héritées comme d'autres collectionnent des objets d'art affreux fabriqués à la chaîne.

A chacun sa route, à chacun ses valeurs.

C'est ma façon personnelle de m'ancrer dans le présent et m'élancer vers l'avenir.

C'est rendre hommage à ceux qui me les ont léguées avec l'espoir que je ressente la joie qu'ils avaient éprouvée en les héritant avant moi. C'est le lien qui perdure et renaît sans cesse de l'aube d'une vie au crépuscule d'une autre.

Je prends soin de chacun d'eux puisqu'ils contiennent un morceau de vie de ces êtres chers. Il suffit de les toucher pour ressentir à nouveau la chaleur du chocolat chaud que préparait ma mère et qui s'échappait de la tasse en porcelaine, la saveur du sorbet citron goûté pour la première fois dans les coupes en cristal et l'émotion palpitante procurée par le collier de perles accroché à mon cou par les mains aimantes de mon père.

Je porte la bague de fiançailles que mon père a offert à ma mère et je mesure émerveillée ce que signifie plus d'un demi-siècle d'engagement, d'amour et de respect.

Souvent j'utilise ces objets et le bruit des lourds couverts en argent me projettent au temps des repas de mon enfance, il y a cent ans.... il y a 1000 ans.

Alors non, je ne jetterai rien, je ne renoncerai à aucun d'eux car ce serait comme m'amputer de mon âme et de leur mémoire.

## Le romantisme

Il neige à Vérone. Depuis longtemps.

Sous le poids du souvenir de deux enfants qui s'aimaient, il n'y a rien de romantique à Vérone. Sous le balcon, des yeux se lèvent vers le seul amour impossible qui ne l'était pas. Que pourrait donner cette pauvre enfant Juliette à ces amoureux transis venus chercher à ses pieds la promesse d'une passion sans poison ?

Qu'y-a-t-il de si époustouflant à Venise entourée d'égouts gigantesques à ciel ouvert? Qu'y-a-t-il de si incroyable sous les masques de carnaval dissimulant des rictus effrayants et de piètres desseins ?
Sur la place San Marco les pigeons ne sont plus voyageurs et se nourrissent des graines vendues à prix d'or aux touristes romantiques sur qui ils déversent leur fiente dédaigneuse.

Florence la monstrueuse concentre en son cœur les reliques du passé mieux conservées que les façades décrépies du reste de son corps. Florence qui attire les amateurs d'art du dimanche en quête de munition pour briller à leur prochain dîner mondain. Son tristement célèbre monstre de Florence a un jour décrété qu'il fallait tuer l'amour en transperçant les couples romantiques à coup de balles de long rifle.

Rome et ses jeux d'ombres et de lumières aux secrets de polichinelle trop bien gardés qu'on n'ose à peine en parler plus.

Les endroits romantiques n'existent pas, il n'y a que les situations qui le soient et ce sont les circonstances qui les définissent,  lorsqu'Il plante dans notre jardin les fleurs que j'ai achetées,  lorsqu'Il repeint un vieux banc décrépi où j'irai m'asseoir pour voir la lune se lever et les étoiles danser, lorsqu'Il me parle de ses souvenirs d'enfance entre émotion et fou- rire ou lorsqu'Il se réjouit d'un jour de congé qu'il emploiera à respirer notre présence, Il crée ces souffles romantiques plus vibrants que les plus belles villes du monde.